The Colors of the Rainbow: Short Stories for French Language Learners

Artici Bilingual Books

Published by Artici Bilingual Books, 2024.

While every precaution has been taken in the preparation of this book, the publisher assumes no responsibility for errors or omissions, or for damages resulting from the use of the information contained herein.

THE COLORS OF THE RAINBOW: SHORT STORIES FOR FRENCH LANGUAGE LEARNERS

First edition. March 15, 2024.

Copyright © 2024 Artici Bilingual Books.

ISBN: 979-8224642229

Written by Artici Bilingual Books.

Table of Contents

Les Couleurs de l'Arc-en-ciel

Le ciel s'étendait à perte de vue au-dessus des vastes plaines de la campagne française. Les champs verdoyants s'étiraient jusqu'à l'horizon, baignés par les rayons du soleil qui perçaient à travers les nuages épars. C'était une journée de printemps, où l'air était chargé du parfum sucré des fleurs nouvellement écloses.

Au milieu de ce paysage paisible, se dressait une petite ferme modeste. Ses murs de pierre blanchie brillaient sous la lumière du soleil, tandis que les volets bleus oscillaient doucement dans la brise légère. À l'ombre d'un vieux chêne, une silhouette se tenait immobile, contemplant le spectacle qui se déroulait devant elle.

C'était Luc, un fermier solitaire au cœur tendre, dont les yeux fatigués reflétaient la sagesse de nombreuses saisons passées à travailler la terre. Il observait le ciel avec une intensité silencieuse, cherchant quelque chose au-delà des nuages blancs qui défilaient paresseusement.

Soudain, un éclat de lumière brisa la monotonie du ciel. Un arc-en-ciel surgit de derrière les nuages, ses couleurs éclatantes peignant une toile magique dans l'air limpide. Les teintes vibrantes de rouge, d'orange, de jaune, de vert, de bleu, d'indigo et de violet se mêlaient harmonieusement, formant un pont céleste entre la terre et le ciel.

Luc sentit son cœur s'emballer à la vue de ce spectacle céleste. Il avait toujours été fasciné par les arc-en-ciels, voyant en eux un symbole d'espoir et de renouveau. Chaque fois qu'il en apercevait un, il se sentait comme transporté dans un monde de magie et de mystère, loin des soucis quotidiens de la vie à la ferme.

Cette fois-ci, cependant, l'arc-en-ciel semblait différent. Il brillait d'une intensité particulière, comme s'il portait un message secret destiné à celui qui saurait le déchiffrer. Luc se mit à marcher à travers les champs, ses bottes enfonçant dans la terre fraîche, suivant le chemin tracé par les couleurs de l'arc-en-ciel.

À mesure qu'il avançait, les couleurs semblaient s'animer autour de lui, dansant dans l'air comme des esprits joyeux. Luc se sentit envahi par un sentiment de joie profonde, comme s'il faisait partie intégrante de cette symphonie de couleurs qui enveloppait le monde.

Bientôt, il arriva au bord d'un petit ruisseau qui serpentait à travers les champs. L'eau cristalline reflétait les couleurs de l'arc-en-ciel, créant un tableau éblouissant de lumière et de mouvement. Luc s'agenouilla au bord de l'eau, laissant ses doigts effleurer la surface lisse, capturant l'éclat fugace des couleurs qui dansaient devant lui.

C'est alors qu'il vit quelque chose d'étrange au milieu du ruisseau. Une forme sombre, presque invisible sous la surface de l'eau, semblait appeler à lui. Sans hésiter, Luc plongea la main dans l'eau froide, attrapant la forme et la tirant doucement vers la rive.

C'était un petit oiseau, blessé et trempé, dont les plumes étaient ternies par la boue du ruisseau. Luc le prit dans ses mains avec précaution, sentant son cœur se serrer devant la vulnérabilité de la créature. Il l'observa avec attention, remarquant les nuances de bleu et de vert qui ornaient son plumage fatigué.

Avec douceur, Luc enveloppa l'oiseau dans un linge chaud, lui offrant un abri temporaire contre le froid persistant du printemps. Il savait qu'il devait agir vite pour lui sauver la vie, mais il ne pouvait s'empêcher de ressentir une connexion profonde avec cette créature fragile qu'il avait trouvée au cœur des couleurs de l'arc-en-ciel.

Pendant des jours et des nuits, Luc veilla sur l'oiseau, lui prodiguant les soins attentifs dont il avait besoin pour guérir ses blessures. Peu à peu, l'oiseau retrouva sa force, sa beauté resplendissante éclatant à nouveau sous la lumière du soleil.

Enfin, le jour vint où l'oiseau fut prêt à reprendre son envol. Luc le relâcha dans les vastes cieux, le regardant s'élever dans les airs avec grâce et puissance. Il savait que l'oiseau trouverait sa place dans le monde, portant avec lui les couleurs de l'arc-en-ciel qui avaient illuminé son chemin.

Et tandis que le soleil se couchait sur les champs verdoyants de la campagne française, Luc sentit son cœur s'alléger d'un poids qu'il n'avait même pas réalisé qu'il portait.

The Colors of the Rainbow

The sky stretched endlessly above the vast plains of the French countryside. The verdant fields extended to the horizon, bathed in the rays of the sun piercing through the scattered clouds. It was a spring day, where the air was filled with the sweet scent of newly blossomed flowers. In the midst of this peaceful landscape stood a modest little farm. Its whitewashed stone walls shimmered in the sunlight, while the blue shutters swayed gently in the light breeze. In the shade of an old oak tree, a figure stood motionless, contemplating the spectacle unfolding before him.

It was Luc, a solitary farmer with a tender heart, whose tired eyes reflected the wisdom of many seasons spent working the land. He watched the sky with silent intensity, searching for something beyond the lazy clouds drifting by.

Suddenly, a burst of light broke the monotony of the sky. A rainbow emerged from behind the clouds, its vibrant colors painting a magical canvas in the clear air. The vibrant hues of red, orange, yellow, green, blue, indigo, and violet harmoniously blended, forming a celestial bridge between earth and sky.

Luc felt his heart race at the sight of this celestial spectacle. He had always been fascinated by rainbows, seeing in them a symbol of hope and renewal. Whenever he spotted one, he felt transported to a world of magic and mystery, far from the daily worries of farm life.

This time, however, the rainbow seemed different. It shone with a particular intensity, as if it carried a secret message meant for whoever could decipher it. Luc began to walk through the fields, his boots sinking into the fresh earth, following the path traced by the colors of the rainbow.

As he advanced, the colors seemed to come alive around him, dancing in the air like joyful spirits. Luc was overwhelmed by a profound sense of joy, as if he were an integral part of this symphony of colors enveloping the world.

Soon, he reached the edge of a small stream winding through the fields. The crystal-clear water reflected the colors of the rainbow, creating a dazzling tableau of light and movement. Luc knelt at the water's edge, letting his fingers skim the smooth surface, capturing the fleeting brilliance of the colors dancing before him.

That's when he saw something strange in the middle of the stream. A dark shape, almost invisible under the water's surface, seemed to beckon to him. Without hesitation, Luc plunged his hand into the cold water, grabbing the shape and gently pulling it towards the shore.

It was a small bird, injured and soaked, its feathers dulled by the mud of the stream. Luc cradled the bird in his hands with care, feeling his heart ache at the creature's vulnerability. He observed it closely, noticing the shades of blue and green adorning its tired plumage.

Gently, Luc wrapped the bird in a warm cloth, offering it temporary shelter from the persistent spring cold. He knew he had to act quickly to save its life, but he couldn't help but feel a deep connection to this fragile creature he had found amidst the colors of the rainbow.

For days and nights, Luc nursed the bird, providing it with the attentive care it needed to heal its wounds. Gradually, the bird regained its strength, its resplendent beauty shining once again in the sunlight.

Finally, the day came when the bird was ready to take flight again. Luc released it into the vast skies, watching it soar into the air with grace and power. He knew the bird would find its place in the world, carrying with it the colors of the rainbow that had illuminated its path.

And as the sun set over the verdant fields of the French countryside, Luc felt his heart lighten a burden he hadn't even realized he was carrying.

Le Bus Vert

Le soleil se levait doucement sur la ville endormie, ses rayons dorés baignant les rues désertes d'une lueur chaude et réconfortante. Au coin d'une rue, une vieille femme attendait, son sac à la main, le regard fixé sur l'horizon.

Elle s'appelait Marie, une veuve solitaire qui vivait seule dans une petite maison au bord de la ville. Chaque matin, elle prenait le même bus pour se rendre au marché, achetant des fruits et des légumes frais pour ses modestes repas.

Aujourd'hui, cependant, quelque chose était différent. Aujourd'hui, le bus qui arriva au coin de la rue n'était pas le même que d'habitude. C'était un vieux bus vert, ses portes grinçantes et sa carrosserie usée témoignant des années de service loyal.

Marie monta à bord du bus avec hésitation. Elle paya son billet au chauffeur taciturne et s'installa sur un siège près de la fenêtre, regardant par-dessus son épaule alors que le bus repartait dans la rue déserte.

Le trajet était silencieux, seulement interrompu par le bruit régulier du moteur et le grincement occasionnel des freins. Marie regardait par la fenêtre, observant les rues familières défiler devant ses yeux avec une étrange sensation de dépaysement.

Le bus suivait un chemin différent de celui qu'elle avait l'habitude de prendre, s'éloignant des quartiers familiers de la ville pour s'aventurer dans des quartiers inconnus. Les immeubles gris et monotones laissaient place à des rues étroites bordées de maisons colorées et de jardins luxuriants.

Marie se demandait où le bus la conduisait, quelle était sa destination finale. Elle avait entendu parler de légendes urbaines racontant des bus magiques qui emmenaient les passagers vers des mondes inconnus, des réalités alternatives où tout était possible.

Elle secoua la tête, chassant ces pensées fantastiques de son esprit. Elle était une femme pragmatique, une veuve qui avait traversé suffisamment d'épreuves dans sa vie pour ne pas croire aux contes de fées.

Pourtant, alors que le bus continuait son chemin à travers la ville, Marie sentait une étrange excitation monter en elle. Elle se demandait ce qui l'attendait à la fin du voyage, quelle découverte extraordinaire l'attendait au bout du chemin.

Finalement, le bus s'arrêta devant un parc verdoyant, ses arbres majestueux se balançant doucement dans la brise matinale. Le chauffeur ouvrit les portes avec un sourire mystérieux, invitant Marie à descendre.

Elle descendit du bus avec précaution, le cœur battant la chamade dans sa poitrine. Elle regarda autour d'elle, émerveillée par la beauté du parc qui s'étendait devant elle.

Soudain, elle entendit une voix familière derrière elle. C'était son mari, décédé depuis des années, debout sous un arbre avec un sourire radieux sur le visage.

Marie resta figée sur place, les larmes aux yeux, incapable de croire ce qu'elle voyait. Son mari lui tendit la main, l'invitant à le rejoindre sous l'arbre, où une table dressée l'attendait avec un délicieux repas préparé avec amour.

Et alors que Marie s'approchait de son mari, enveloppée dans ses bras réconfortants, elle sut que le bus vert l'avait emmenée exactement là où elle devait être, dans les bras de l'être qu'elle avait tant aimé et qui l'attendait.

The Green Bus

The sun rose gently over the sleeping town, its golden rays bathing the deserted streets in a warm and comforting glow. At the corner of a street, an old woman waited, her bag in hand, her gaze fixed on the horizon.

Her name was Marie, a lonely widow who lived alone in a small house on the outskirts of town. Every morning, she took the same bus to go to the market, buying fresh fruits and vegetables for her modest meals.

Today, however, something was different. Today, the bus that arrived at the corner of the street was not the usual one. It was an old green bus, its creaking doors and worn body testifying to years of loyal service.

Marie boarded the bus hesitantly. She paid her fare to the taciturn driver and settled into a seat near the window, looking over her shoulder as the bus pulled away into the deserted street.

The journey was silent, only interrupted by the regular noise of the engine and the occasional squeak of the brakes. Marie looked out the window, watching the familiar streets pass by with a strange sense of displacement.

The bus followed a different path from the one she was used to, leaving behind the familiar neighborhoods of the city to venture into unknown areas. The gray and monotonous buildings gave way to narrow streets lined with colorful houses and lush gardens.

Marie wondered where the bus was taking her, what its final destination was. She had heard urban legends about magical buses that took passengers to unknown worlds, alternative realities where anything was possible.

She shook her head, chasing these fantastic thoughts from her mind. She was a pragmatic woman, a widow who had gone through enough trials in her life not to believe in fairy tales.

Yet, as the bus continued its journey through the city, Marie felt a strange excitement welling up inside her. She wondered what awaited her at the end of the journey, what extraordinary discovery awaited her at the end of the road.

Finally, the bus stopped in front of a lush green park, its majestic trees swaying gently in the morning breeze. The driver opened the doors with a mysterious smile, inviting Marie to disembark.

She stepped off the bus cautiously, her heart pounding in her chest. She looked around, amazed by the beauty of the park spread out before her.

Suddenly, she heard a familiar voice behind her. It was her husband, who had passed away years ago, standing under a tree with a radiant smile on his face.

Marie stood frozen in place, tears filling her eyes, unable to believe what she saw. Her husband reached out to her, inviting her to join him under the tree, where a table was set with a delicious meal prepared with love.

And as Marie approached her husband, enveloped in his comforting embrace, she knew that the green bus had taken her exactly where she needed to be, in the arms of the one she had loved so much and who was waiting for her.

Un Arbre dans le Parc

Le parc était paisible en cette fin d'après-midi, baigné par les doux rayons du soleil couchant. Les enfants riaient en jouant sur l'herbe, les couples se promenaient main dans la main, et les oiseaux chantaient leur douce mélodie dans les arbres.

Au milieu du parc se dressait un arbre solitaire, majestueux dans sa simplicité. C'était un chêne centenaire, dont les branches s'étendaient haut dans le ciel, offrant ombre et abri à tous ceux qui venaient se reposer sous sa canopée verdoyante.

À l'ombre de l'arbre, un homme était assis sur un banc, les yeux fixés sur les feuilles qui bruissaient doucement dans la brise. Il s'appelait Jacques, un écrivain en quête d'inspiration, cherchant à capturer la beauté éphémère du monde qui l'entourait.

Jacques avait passé des heures à écrire sous cet arbre, la plume glissant sur le papier comme une danse gracieuse. Mais aujourd'hui, il se sentait bloqué, ses mots se figeant dans son esprit comme des oiseaux pris au piège dans une cage dorée.

Il ferma les yeux, respirant profondément l'air frais du soir. Il se concentra sur le son apaisant de la brise dans les feuilles, la sensation douce de l'herbe sous ses pieds, et la lumière dorée qui baignait le parc dans une aura magique.

Soudain, un bruit le fit sursauter. C'était une femme, qui venait de s'asseoir à côté de lui sur le banc. Elle lui sourit timidement, les yeux brillants d'une lueur familière.

"Excusez-moi de vous déranger", dit-elle doucement. "Mais je vous ai vu assis ici, et je me demandais si vous pourriez m'aider."

Jacques regarda la femme avec curiosité, se demandant ce qu'elle voulait de lui. Elle lui expliqua qu'elle était nouvelle dans la ville et qu'elle cherchait des informations sur les endroits à visiter, les bons restaurants à essayer, et les gens intéressants à rencontrer.

Jacques sourit, se sentant soudainement réveillé par la présence de la femme à ses côtés. Il lui parla du parc, de ses secrets cachés et de ses histoires oubliées. Il lui indiqua les meilleures tables de la ville, les endroits où l'on pouvait déguster les saveurs exquises de la cuisine locale. Au fil de la conversation, Jacques sentit l'inspiration affluer en lui, comme un fleuve déchaîné qui trouve enfin son lit. Il se mit à parler de ses propres expériences, de ses voyages et de ses aventures, partageant avec la femme les histoires qui avaient façonné sa vie.

Et alors que le soleil se couchait lentement à l'horizon, Jacques se rendit compte que c'était là, sous cet arbre solitaire, qu'il avait trouvé ce qu'il cherchait depuis si longtemps. Il avait trouvé l'inspiration dans la simplicité du monde qui l'entourait, dans la beauté d'un moment partagé avec une étrangère sous un arbre dans le parc.

Il sourit à la femme, reconnaissant pour cette rencontre fortuite qui avait illuminé sa journée. Et ensemble, ils regardèrent le soleil disparaître derrière les arbres, enveloppant le parc dans l'obscurité douce de la nuit.

A Tree in the Park

The park was peaceful in the late afternoon, bathed in the gentle rays of the setting sun. Children laughed as they played on the grass, couples strolled hand in hand, and birds sang their sweet melody in the trees.

In the middle of the park stood a solitary tree, majestic in its simplicity. It was a centuries-old oak, its branches reaching high into the sky, offering shade and shelter to all who came to rest beneath its verdant canopy.

In the shade of the tree, a man sat on a bench, his eyes fixed on the leaves rustling softly in the breeze. His name was Jacques, a writer in search of inspiration, seeking to capture the ephemeral beauty of the world around him.

Jacques had spent hours writing under this tree, the pen gliding across the paper like a graceful dance. But today, he felt stuck, his words freezing in his mind like birds trapped in a gilded cage.

He closed his eyes, breathing in the fresh evening air. He focused on the soothing sound of the breeze in the leaves, the gentle sensation of the grass beneath his feet, and the golden light bathing the park in a magical aura.

Suddenly, a noise made him jump. It was a woman, who had just sat down next to him on the bench. She smiled at him timidly, her eyes shining with a familiar light.

"Excuse me for disturbing you," she said softly. "But I saw you sitting here, and I was wondering if you could help me."

Jacques looked at the woman with curiosity, wondering what she wanted from him. She explained that she was new to the city and was looking for information about places to visit, good restaurants to try, and interesting people to meet.

Jacques smiled, feeling suddenly awakened by the woman's presence beside him. He told her about the park, its hidden secrets, and forgotten stories. He pointed out the best tables in the city, the places where one could taste the exquisite flavors of the local cuisine.

As the conversation flowed, Jacques felt inspiration flooding through him, like a raging river finally finding its course. He began to talk about his own experiences, his travels, and adventures, sharing with the woman the stories that had shaped his life.

And as the sun slowly set on the horizon, Jacques realized that it was there, under that solitary tree, that he had found what he had been searching for all along. He had found inspiration in the simplicity of the world around him, in the beauty of a moment shared with a stranger under a tree in the park.

He smiled at the woman, grateful for this chance encounter that had brightened his day. And together, they watched the sun disappear behind the trees, enveloping the park in the soft darkness of night.

Les Choses Ne Seront Jamais les Mêmes

Le soleil se couchait lentement sur la ville endormie, teintant le ciel d'une palette de couleurs chaudes et vibrantes. Assis à une table de café, Jean regardait les passants qui déambulaient dans les rues pavées, perdus dans leurs pensées.

Il portait encore les traces de la bataille, des cicatrices invisibles gravées dans son âme. La guerre l'avait changé, l'avait transformé en homme qu'il ne reconnaissait plus. Et maintenant, assis là, dans l'ombre des souvenirs douloureux, il se demandait si les choses seraient jamais les mêmes.

Autour de lui, la vie reprenait son cours habituel, les voitures passaient en vrombissant, les rires des enfants résonnaient dans les rues. Mais pour Jean, le monde semblait figé dans le temps, comme si rien ne pouvait effacer les cicatrices du passé.

Il se souvenait des jours passés au front, des camarades perdus, des nuits sans sommeil hantées par les souvenirs d'horreur et de désespoir. Il se souvenait des moments de bravoure et de peur, des instants de camaraderie et de solitude.

Et maintenant, de retour chez lui, il se sentait étranger dans sa propre vie. Les visages familiers lui semblaient lointains, les lieux qu'il avait connus autrefois avaient perdu leur éclat. Il avait l'impression d'être pris au piège dans un monde qui n'était plus le sien, un monde où il ne trouvait plus sa place.

Il regarda autour de lui, cherchant quelque chose, quelqu'un pour le ramener à la réalité. Mais les visages des passants étaient des masques vides, leurs voix un murmure indistinct dans le tumulte de la ville.

Soudain, il entendit une voix familière derrière lui. Il se retourna et vit Marie, son amour perdu depuis longtemps, se tenant là, devant lui, les yeux brillants de tendresse et de tristesse.

Elle s'assit à ses côtés, prenant sa main dans la sienne avec douceur. Et dans ce geste simple, Jean sentit une lueur d'espoir briller dans les ténèbres de son âme tourmentée.

Ils restèrent là, silencieux, regardant le monde passer autour d'eux.

Le soleil se coucha lentement sur la ville endormie, enveloppant Jean et Marie dans sa chaude étreinte. Et alors que la nuit tombait sur le monde, ils savaient que, quoi qu'il arrive, les choses ne seraient jamais les mêmes, mais que l'amour pouvait tout surmonter.

Things Will Never Be the Same

The sun was setting slowly over the sleeping city, tinting the sky with a palette of warm and vibrant colors. Sitting at a café table, Jean watched the passersby strolling along the cobblestone streets, lost in their thoughts.

He still bore the traces of battle, invisible scars etched into his soul. War had changed him, transformed him into a man he no longer recognized. And now, sitting there, in the shadow of painful memories, he wondered if things would ever be the same.

Around him, life resumed its usual course, cars zoomed by, children's laughter echoed in the streets. But for Jean, the world seemed frozen in time, as if nothing could erase the scars of the past.

He remembered the days spent on the front lines, the lost comrades, the sleepless nights haunted by memories of horror and despair. He remembered moments of bravery and fear, moments of camaraderie and solitude.

And now, back home, he felt like a stranger in his own life. Familiar faces seemed distant to him, places he had once known had lost their sparkle. He felt trapped in a world that was no longer his own, a world where he no longer found his place.

He looked around, searching for something, someone to bring him back to reality. But the faces of the passersby were empty masks, their voices a faint murmur in the hustle and bustle of the city.

Suddenly, he heard a familiar voice behind him. He turned around and saw Marie, his long-lost love, standing there before him, her eyes shining with tenderness and sadness.

She sat down beside him, taking his hand gently in hers. And in this simple gesture, Jean felt a glimmer of hope shining in the darkness of his troubled soul.

They sat there, silent, watching the world go by around them.

The sun set slowly over the sleeping city, enveloping Jean and Marie in its warm embrace. And as night fell over the world, they knew that, no matter what happened, things would never be the same, but that love could conquer all.

Ouvre la Porte

Le vieux bar était enveloppé dans une atmosphère de mystère et de nostalgie. Les clients réguliers se pressaient autour du comptoir en bois sombre, échangeant des histoires et des regards complices.

Assis à une table près de la fenêtre, Pierre observait les allées et venues avec une curiosité tranquille. Il était un homme de peu de mots, mais ses yeux bleus pétillaient d'une intelligence vive et d'une passion cachée.

Ce soir-là, quelque chose de différent flottait dans l'air. Une tension palpable imprégnait la pièce, comme si le monde entier retenait son souffle en attendant quelque chose de grandiose.

Soudain, la porte s'ouvrit avec un grincement, laissant entrer une silhouette élégante vêtue d'un manteau sombre. Tous les regards se tournèrent vers l'inconnu, intrigués par son arrivée soudaine.

L'homme s'approcha du bar avec assurance, son regard scrutant la pièce avec un mélange de curiosité et de détermination. Il commanda un verre de whisky, puis se tourna vers Pierre, assis seul à sa table.

"Ça fait longtemps, mon vieux," dit-il d'une voix grave, son visage éclairé par un sourire énigmatique.

Pierre le regarda avec étonnement, ses souvenirs remontant à la surface comme des bulles dans un verre de champagne. Il se leva lentement, une lueur d'excitation brillant dans ses yeux fatigués.

"Maxime," murmura-t-il, étendant une main tremblante vers son vieil ami. "Je pensais que tu étais parti pour de bon."

Maxime sourit, serrant la main de Pierre avec force. "On ne peut jamais vraiment partir, n'est-ce pas ?" dit-il, son regard se perdant dans les souvenirs lointains.

Les deux hommes s'installèrent à une table, échangeant des histoires et des rires comme s'ils ne s'étaient jamais quittés. Mais derrière les sourires et les plaisanteries, il y avait une tension sous-jacente, une question non dite qui planait dans l'air.

Finalement, Pierre posa sa main sur celle de Maxime, ses yeux brûlant d'une intensité qui ne pouvait être ignorée. "Pourquoi es-tu revenu, Maxime ?" demanda-t-il, sa voix basse et pleine d'émotion.

Maxime regarda son ami avec sérieux, sa propre émotion à peine dissimulée. "Parce que j'ai trouvé quelque chose, quelque chose que je dois partager avec toi," dit-il, sa voix vibrante d'une énergie nouvelle.

Il sortit une clé de sa poche, une clé en laiton usée par le temps. "C'est pour toi," dit-il simplement, la tendant à Pierre avec un mélange d'excitation et d'appréhension.

Pierre prit la clé avec précaution, sentant le poids de son destin entre ses doigts. Il regarda Maxime avec étonnement, cherchant des réponses dans les yeux de son vieil ami.

Maxime hocha la tête, un sourire énigmatique étirant ses lèvres. "Ouvre la porte, mon ami," dit-il, ses mots emplis d'une promesse d'aventure et de découverte.

Et c'est ainsi que Pierre se leva, la clé serrée dans sa main, et quitta le vieux bar pour se lancer dans un voyage vers l'inconnu.

Finally, Pierre placed his hand on Maxime's, his eyes burning with an intensity that could not be ignored. "Why have you come back, Maxime?" he asked, his voice low and full of emotion.

Maxime looked at his friend seriously, his own emotion barely concealed. "Because I found something, something I need to share with you," he said, his voice vibrating with a newfound energy.

He pulled a key from his pocket, a brass key worn by time. "This is for you," he said simply, handing it to Pierre with a mix of excitement and apprehension.

Pierre took the key cautiously, feeling the weight of his destiny between his fingers. He looked at Maxime with astonishment, seeking answers in his old friend's eyes.

Maxime nodded, an enigmatic smile stretching his lips. "Open the door, my friend," he said, his words filled with a promise of adventure and discovery.

And so Pierre rose, the key clenched in his hand, and left the old bar to embark on a journey into the unknown.

The old bar was wrapped in an atmosphere of mystery and nost
Regular patrons crowded around the dark wooden counter, exchat
stories and knowing glances.

Sitting at a table near the window, Pierre observed the coming
goings with quiet curiosity. He was a man of few words, but his
blue eyes sparkled with keen intelligence and hidden passion.

That evening, something different hung in the air. A palpable t
filled the room, as if the whole world was holding its bre
anticipation of something grand.

Suddenly, the door creaked open, admitting an elegant figure cl
dark coat. All eyes turned toward the newcomer, intrigued by his
arrival.

The man strode confidently to the bar, his gaze scanning the roor
mix of curiosity and determination. He ordered a glass of whisk
turned to Pierre, sitting alone at his table.

"Long time no see, old friend," he said in a deep voice, his face
enigmatic smile.

Pierre looked at him with astonishment, memories bubblir
surface like champagne bubbles in a glass. He rose slowly, a gl
excitement shining in his tired eyes.

"Maxime," he murmured, extending a trembling hand towar
friend. "I thought you were gone for good."

Maxime smiled, gripping Pierre's hand firmly. "You can never r
can you?" he said, his gaze drifting to distant memories.

The two men settled at a table, exchanging stories and lau
they had never parted. But behind the smiles and jokes, th
underlying tension, an unspoken question hanging in the air.

La Brise Estivale

Dans un petit village niché au creux des collines verdoyantes, la vie s'écoulait paisiblement au rythme des saisons. Les habitants se connaissaient tous et se saluaient d'un sourire chaleureux lorsque leurs chemins se croisaient dans les rues étroites et sinueuses.

Au cœur de ce village se dressait une vieille maison en pierre, entourée d'un jardin luxuriant où les fleurs dansaient au rythme de la brise estivale. C'était là que vivait Claire, une femme douce et bienveillante, dont le cœur était aussi grand que l'horizon qui s'étendait devant elle.

Claire aimait passer ses journées à s'occuper de son jardin, à cultiver des fleurs aux couleurs vives et à écouter le chant des oiseaux dans les arbres. Elle était une amie pour tous ceux qui en avaient besoin, une oreille attentive et un cœur ouvert à ceux qui cherchaient refuge dans ses bras accueillants.

Un jour, alors que le soleil brillait haut dans le ciel et que la brise estivale caressait doucement la terre, un étranger arriva au village. Il s'appelait Julien, un homme mystérieux aux yeux sombres et au sourire énigmatique.

Il loua une petite chambre dans une auberge près de la place du village et se mit à explorer les environs avec curiosité. Mais malgré son air détaché, il semblait porter un poids invisible sur ses épaules, un fardeau qu'il ne pouvait pas partager avec les autres.

Claire remarqua rapidement l'étranger et fut intriguée par son air solitaire. Elle décida de lui rendre visite à l'auberge, apportant avec elle un panier rempli de fruits frais et de fleurs cueillies dans son jardin.

Julien l'accueillit avec surprise, mais ses yeux s'illuminèrent à la vue des cadeaux qu'elle lui offrait. Ils passèrent l'après-midi à discuter sous les arbres ombragés, partageant des histoires et des rires comme s'ils se connaissaient depuis toujours.

Au fil des jours, Claire et Julien devinrent amis, se retrouvant souvent dans le jardin de Claire pour partager des repas et des moments de tranquillité. Elle sentait qu'il y avait quelque chose de profondément troublé en lui, quelque chose qu'il ne pouvait pas exprimer avec des mots. Un soir, alors que le ciel s'embrasait de couleurs chaudes et que les étoiles commençaient à briller au-dessus d'eux, Julien se confia à Claire. Il lui raconta son passé douloureux, ses peines et ses regrets, ses espoirs et ses rêves brisés.

Claire l'écouta avec compassion, sentant le poids de son fardeau sur ses propres épaules. Elle lui prit la main avec tendresse, lui offrant le réconfort silencieux de son amour inconditionnel.

Et c'est ainsi que, sous la douce caresse de la brise estivale, Julien sentit son cœur s'alléger pour la première fois depuis des années.

The Summer Breeze

In a small village nestled amidst lush green hills, life flowed peacefully to the rhythm of the seasons. The villagers all knew each other and greeted one another with warm smiles when their paths crossed on the narrow, winding streets.

At the heart of this village stood an old stone house, surrounded by a lush garden where flowers danced to the rhythm of the summer breeze. This was where Claire lived, a gentle and compassionate woman, whose heart was as vast as the horizon that stretched before her.

Claire loved spending her days tending to her garden, cultivating flowers of vibrant colors and listening to the birdsong in the trees. She was a friend to all who needed one, an attentive ear and an open heart to those who sought refuge in her welcoming embrace.

One day, as the sun shone high in the sky and the summer breeze gently caressed the earth, a stranger arrived in the village. His name was Julien, a mysterious man with dark eyes and an enigmatic smile.

He rented a small room in an inn near the village square and set out to explore the surroundings with curiosity. But despite his aloof demeanor, he seemed to carry an invisible burden on his shoulders, a weight he could not share with others.

Claire quickly noticed the stranger and was intrigued by his solitary air. She decided to pay him a visit at the inn, bringing with her a basket filled with fresh fruits and flowers picked from her garden.

Julien greeted her with surprise, but his eyes lit up at the sight of the gifts she brought him. They spent the afternoon chatting under the shady trees, sharing stories and laughter as if they had known each other for a lifetime.

Over the days, Claire and Julien became friends, often meeting in Claire's garden to share meals and moments of tranquility. She sensed that there was something deeply troubled within him, something he could not express in words.

One evening, as the sky blazed with warm colors and the stars began to shine above them, Julien confided in Claire. He told her about his painful past, his sorrows and regrets, his shattered hopes and dreams.

Claire listened with compassion, feeling the weight of his burden on her own shoulders. She took his hand tenderly, offering him the silent comfort of her unconditional love.

And so, under the gentle caress of the summer breeze, Julien felt his heart lighten for the first time in years.

Les Oreilles des Dieux

Dans les rues étroites et animées d'une ville côtière du sud de la France, vivait un homme nommé Jacques. Il était pêcheur de profession, un homme rustique aux mains calleuses et aux yeux scrutateurs.

Jacques avait toujours été fasciné par la mer, par sa beauté sauvage et son mystère infini. Chaque matin, il partait en mer avec son vieux bateau en bois, lançant ses filets dans les eaux profondes à la recherche de sa précieuse cargaison.

Mais malgré sa vie humble et simple, Jacques avait un don rare : il pouvait entendre la mer parler. Il disait que les vagues murmuraient des secrets anciens, que le vent portait les lamentations des âmes perdues, et que les marées chantaient des chansons d'amour et de tristesse.

Les gens du village le regardaient avec étonnement, certains le traitant de fou, d'autres le considérant comme un sage. Mais Jacques ne se souciait pas de ce que les autres pensaient de lui. Il savait que ses oreilles étaient les seules à pouvoir entendre la voix de la mer, et cela lui suffisait.

Un jour, alors qu'il était en mer, Jacques entendit un murmure inhabituel dans les vagues. Il tendit l'oreille, ses sens en alerte, essayant de comprendre ce que la mer essayait de lui dire.

Il entendit une voix lointaine, douce et mélodieuse, qui lui parlait d'un trésor caché au fond des eaux. Un trésor oublié depuis des siècles, attendant d'être découvert par celui qui saurait écouter les murmures de la mer.

Jacques sentit une excitation grandir en lui, un frisson d'anticipation parcourant son échine. Il savait qu'il devait suivre la voix de la mer, qu'il devait trouver le trésor caché et en percer les mystères.

Il rentra au port avec une détermination renouvelée, préparant son équipement et rassemblant ses forces pour la quête à venir. Les autres pêcheurs le regardaient avec curiosité, se demandant ce qui avait pu le pousser à agir de la sorte.

Mais Jacques ne leur dit rien. Il garda ses secrets enfouis dans son cœur, sachant que la vérité ne pouvait être révélée qu'au moment propice.

Il retourna en mer, se laissant guider par les murmures des vagues et le chant du vent. Pendant des jours et des nuits, il chercha sans relâche, parcourant les étendues infinies de l'océan à la recherche de son trésor perdu.

Et enfin, un jour, alors que le soleil se levait à l'horizon et que les oiseaux chantaient dans le ciel, Jacques trouva ce qu'il cherchait depuis si longtemps.

Au fond des eaux, enfoui sous les sables mouvants, gisait un coffre en bois ancien, orné de motifs complexes et de symboles mystérieux. Jacques plongea avec détermination, saisissant le coffre avec force et le ramenant à la surface avec précaution.

Il l'ouvrit lentement, ses yeux brillant d'excitation à l'idée de découvrir ce qui se cachait à l'intérieur. Et là, au milieu des joyaux étincelants et des pièces d'or, reposait un parchemin ancien, couvert d'une écriture oubliée depuis longtemps.

Jacques le déroula avec précaution, ses yeux parcourant les mots gravés dans le papier jauni. Et alors, il comprit la véritable nature de son trésor : ce n'était pas l'or ou les pierres précieuses qui avaient de la valeur, mais les histoires et les légendes qui les accompagnaient.

Il sourit, réalisant que la plus grande richesse qu'il avait trouvée était celle de la connaissance et de la sagesse, héritée des anciens dieux de la mer. Et tandis qu'il retournait au port, son cœur était léger et rempli de gratitude pour les oreilles qui lui avaient permis d'entendre les murmures de l'océan et de découvrir les trésors cachés au fond des eaux.

The Ears of the Gods

In the narrow and bustling streets of a coastal town in the south of France, lived a man named Jacques. He was a fisherman by profession, a rugged man with calloused hands and scrutinizing eyes.

Jacques had always been fascinated by the sea, by its wild beauty and infinite mystery. Every morning, he set out to sea in his old wooden boat, casting his nets into the deep waters in search of his precious catch.

But despite his humble and simple life, Jacques had a rare gift: he could hear the sea speak. He said that the waves whispered ancient secrets, that the wind carried the lamentations of lost souls, and that the tides sang songs of love and sadness.

The people of the village looked at him with astonishment, some calling him crazy, others considering him wise. But Jacques didn't care what others thought of him. He knew that his ears were the only ones that could hear the voice of the sea, and that was enough for him.

One day, while he was at sea, Jacques heard an unusual murmur in the waves. He listened intently, his senses alert, trying to understand what the sea was trying to tell him.

He heard a distant, soft, and melodious voice, speaking to him of a treasure hidden at the bottom of the waters. A treasure forgotten for centuries, waiting to be discovered by one who could listen to the whispers of the sea.

Jacques felt excitement growing within him, a thrill of anticipation running down his spine. He knew he had to follow the voice of the sea, that he had to find the hidden treasure and unravel its mysteries.

He returned to port with renewed determination, preparing his equipment and gathering his strength for the quest ahead. The other fishermen looked at him with curiosity, wondering what could have driven him to act in such a way.

But Jacques said nothing to them. He kept his secrets buried in his heart, knowing that the truth could only be revealed at the right moment.

He went back to sea, letting himself be guided by the murmurs of the waves and the song of the wind. For days and nights, he searched tirelessly, traversing the endless expanses of the ocean in search of his lost treasure.

And finally, one day, as the sun rose on the horizon and the birds sang in the sky, Jacques found what he had been searching for for so long.

At the bottom of the waters, buried under the shifting sands, lay an ancient wooden chest, adorned with intricate patterns and mysterious symbols. Jacques dove with determination, seizing the chest firmly and bringing it to the surface with care.

He opened it slowly, his eyes shining with excitement at the thought of discovering what lay inside. And there, amidst the sparkling jewels and gold coins, lay an ancient parchment, covered in writing long forgotten.

Jacques unrolled it carefully, his eyes scanning the words etched into the yellowed paper. And then, he understood the true nature of his treasure: it was not the gold or the precious stones that held value, but the stories and legends that accompanied them.

He smiled, realizing that the greatest wealth he had found was that of knowledge and wisdom, inherited from the ancient gods of the sea. And as he returned to port, his heart was light and filled with gratitude for the ears that had allowed him to hear the whispers of the ocean and discover the treasures hidden at the bottom of the waters.

Minuit et Demi

La nuit était sombre et silencieuse, seulement interrompue par le doux murmure du vent dans les arbres et le lointain battement des vagues contre le rivage. Dans une petite maison au bord de la falaise, une lampe éclairait faiblement une pièce où un homme assis à une table écrivait fébrilement.

Cet homme s'appelait François. C'était un écrivain solitaire, un homme en quête de vérité et de beauté dans les mots. Il avait passé des heures à écrire, plongeant dans les profondeurs de son esprit pour trouver l'inspiration qui lui échappait depuis si longtemps.

Mais ce soir-là, quelque chose était différent. Une tension électrique remplissait l'air, une sensation de quelque chose d'important sur le point de se produire. François sentait que ses doigts couraient sur le clavier avec une urgence nouvelle, comme s'ils étaient guidés par une force invisible.

Il écrivait sur l'amour et la perte, sur la beauté fragile de la vie et la cruauté du destin. Ses mots dansaient sur la page, s'entrelaçant pour former des phrases poignantes et des images vibrantes.

La nuit s'écoula lentement, le clavier cliquetant sous les doigts agiles de François alors qu'il écrivait sans relâche. Les heures passèrent comme des minutes, jusqu'à ce que finalement, le ciel commence à s'éclaircir à l'horizon.

François s'arrêta enfin, laissant son regard errer sur les mots qu'il avait couchés sur la page. Il sentit un frisson de satisfaction lui parcourir l'échine, un sentiment de plénitude qu'il n'avait pas ressenti depuis longtemps.

Il se leva de sa chaise, s'étirant les membres endoloris par la nuit de travail. Puis, se dirigeant vers la fenêtre, il ouvrit les rideaux et contempla le lever du soleil sur la mer.

C'était un nouveau jour, une nouvelle chance de trouver la beauté et la vérité dans le monde qui l'entourait. Et alors que les premiers rayons du soleil caressaient son visage fatigué, François sut qu'il était sur le point de découvrir quelque chose de grand, quelque chose qui changerait sa vie à jamais.

Half Past Twelve

The night was dark and silent, only interrupted by the gentle murmur of the wind in the trees and the distant beat of the waves against the shore. In a small house on the cliff's edge, a lamp faintly illuminated a room where a man sat at a table writing feverishly.

This man was named François. He was a solitary writer, a man in search of truth and beauty in words. He had spent hours writing, delving into the depths of his mind to find the inspiration that had eluded him for so long.

But this night, something was different. An electric tension filled the air, a sensation of something important about to happen. François felt his fingers racing across the keyboard with a newfound urgency, as if guided by an invisible force.

He wrote about love and loss, about the fragile beauty of life and the cruelty of fate. His words danced on the page, intertwining to form poignant sentences and vibrant images.

The night passed slowly, the keyboard clacking under François's agile fingers as he wrote tirelessly. The hours passed like minutes, until finally, the sky began to lighten on the horizon.

François finally stopped, letting his gaze wander over the words he had put down on the page. He felt a shiver of satisfaction run down his spine, a feeling of fulfillment he hadn't felt in a long time.

He stood up from his chair, stretching his limbs sore from the night's work. Then, heading towards the window, he opened the curtains and gazed out at the sunrise over the sea.

It was a new day, a new chance to find beauty and truth in the world around him. And as the first rays of sunlight caressed his tired face, François knew that he was on the verge of discovering something great, something that would change his life forever.

Le Parapluie Rouge

La pluie tombait sans relâche sur les rues pavées de Paris. Les passants pressaient le pas, cherchant refuge sous les auvents des boutiques ou les arcades des vieux bâtiments. Parmi eux, se tenait un homme solitaire, marchant d'un pas déterminé malgré les gouttes qui ruisselaient sur son visage. Il portait un long manteau noir qui semblait absorber la lumière grise du ciel.

L'homme s'arrêta devant une petite librairie, son souffle visible dans l'air froid. Il contempla les livres exposés derrière la vitrine, son regard se posant sur un titre en particulier : "Le Parapluie Rouge". Une lueur d'intérêt traversa ses yeux fatigués, et il poussa la porte de la librairie.

À l'intérieur, l'odeur enivrante des vieux livres accueillit l'homme. Il parcourut les étagères avec une concentration intense, cherchant le livre qui l'avait attiré. Finalement, il le trouva, dissimulé parmi d'autres ouvrages. Il le saisit avec précaution, sentant le poids des mots qu'il contenait.

De retour chez lui, l'homme s'installa dans son fauteuil préféré près de la fenêtre. Il ouvrit le livre. Les pages jaunies craquèrent sous ses doigts, révélant une histoire qui semblait être restée cachée pendant des années. Le récit se déroulait dans le Paris des années 1920, une époque de bohème et d'art. L'auteur décrivait avec une précision captivante les rues animées, les cafés enfumés et les personnages excentriques qui peuplaient la ville. Au cœur de l'histoire se trouvait un parapluie rouge, symbole de chance et de destin.

L'homme se plongea dans le roman, oubliant le temps qui passait. À mesure qu'il tournait les pages, il sentait son esprit s'évader dans un autre monde, un monde où les mots avaient le pouvoir de transformer la réalité.

Mais au fur et à mesure que l'histoire avançait, une tristesse indicible s'emparait de l'homme. Les personnages étaient confrontés à des choix difficiles, à des pertes insurmontables. Le parapluie rouge, loin d'apporter la chance, semblait être le témoin silencieux de leur souffrance.

Pourtant, malgré la noirceur de certaines pages, l'homme ne pouvait détacher son regard du livre. Il était captivé par la beauté brutale de l'écriture, par la façon dont chaque mot était soigneusement choisi pour exprimer l'inexprimable.

À mesure que la nuit enveloppait la ville, l'homme réalisa qu'il avait atteint la fin du livre. Une sensation étrange l'envahit alors, un mélange de satisfaction et de mélancolie. Il avait voyagé à travers les rues de Paris, aux côtés de personnages fictifs mais étrangement réels.

Il referma le livre lentement, comme s'il craignait de briser le charme qui l'avait envoûté.

Alors que la pluie continuait de tomber dehors, l'homme se leva et se dirigea vers la fenêtre. Une lueur d'espoir traversa son regard, aussi fugace qu'un éclair dans la nuit.

The Red Umbrella

Rain fell relentlessly on the cobbled streets of Paris. Pedestrians hurried, seeking refuge under shop awnings or the arcades of old buildings. Among them stood a solitary man, walking with determined steps despite the drops streaming down his face. He wore a long black coat that seemed to absorb the gray light from the sky.

The man stopped in front of a small bookstore, his breath visible in the cold air. He gazed at the books displayed behind the window, his eyes lingering on one title in particular: "The Red Umbrella." A glimmer of interest crossed his weary eyes, and he pushed open the door of the bookstore.

Inside, the intoxicating smell of old books welcomed the man. He scanned the shelves with intense concentration, searching for the book that had caught his attention. Finally, he found it, nestled among other volumes. He picked it up carefully, feeling the weight of the words it contained.

Back home, the man settled into his favorite armchair near the window. He opened the book. The yellowed pages crackled under his fingers, revealing a story that seemed to have been hidden for years.

The tale unfolded in 1920s Paris, a time of bohemianism and art. The author described with captivating precision the bustling streets, the smoky cafes, and the eccentric characters that populated the city. At the heart of the story was a red umbrella, a symbol of luck and destiny.

The man immersed himself in the novel, forgetting the passage of time. As he turned the pages, he felt his mind wandering into another world, a world where words had the power to transform reality.

But as the story progressed, an unspeakable sadness gripped the man. The characters faced difficult choices, insurmountable losses. The red umbrella, far from bringing luck, seemed to be the silent witness of their suffering.

Yet, despite the darkness of some pages, the man could not tear his gaze away from the book. He was captivated by the raw beauty of the writing, by the way each word was carefully chosen to express the inexpressible.

As night fell over the city, the man realized he had reached the end of the book. A strange sensation washed over him then, a mixture of satisfaction and melancholy. He had traveled through the streets of Paris, alongside fictional yet strangely real characters.

He closed the book slowly, as if afraid to break the spell that had enchanted him.

As the rain continued to fall outside, the man rose and walked to the window. A glimmer of hope crossed his gaze, as fleeting as a flash in the night.

Le Serment d'Hier

Il était une fois, dans un petit village niché au creux des montagnes, un jeune homme nommé Luc. Il vivait avec ses parents dans une modeste maison en pierre, entourée de champs verdoyants et de forêts mystérieuses. Depuis son plus jeune âge, Luc avait été fasciné par les récits de son grand-père, qui lui racontait des histoires merveilleuses sur le passé glorieux de leur famille.

Un soir d'été, alors que le ciel s'embrasait de couleurs chaudes, Luc s'assit auprès de son grand-père sous le vieux chêne qui se dressait devant leur maison. Le vieil homme lui parla de la promesse faite par leurs ancêtres il y a des générations de cela, une promesse qui était devenue légendaire dans le village.

"Notre famille a toujours été liée par un serment sacré", dit le grand-père d'une voix grave. "Une promesse de loyauté et de courage, transmise de génération en génération."

Luc écouta attentivement, ses yeux brillants d'admiration pour son grand-père et pour les héros dont il parlait. Il se promit alors, dans le silence de son cœur, de perpétuer l'héritage de sa famille et de ne jamais oublier le serment qui les unissait.

Les années passèrent, et Luc devint un jeune homme courageux et déterminé. Il travaillait dur aux champs avec son père, mais son esprit était toujours empli de rêves et d'ambitions. Il voulait honorer la promesse de ses ancêtres et laisser sa marque sur le monde.

Un jour, alors qu'il se rendait au marché du village, Luc rencontra une jeune fille nommée Elise. Elle était aussi belle que les fleurs des champs et aussi douce que la brise d'été. Ils tombèrent amoureux au premier regard, scellant leur destinée d'un simple sourire.

Pourtant, leur bonheur fut bientôt assombri par les sombres nuages de la guerre qui éclatait aux frontières du pays. Les hommes du village furent appelés à prendre les armes, laissant derrière eux leurs familles et leurs terres. Luc se porta volontaire, sachant qu'il devait défendre ce en quoi il croyait et honorer le serment de ses ancêtres.

Les mois passèrent, et la guerre fit rage avec une fureur implacable. Luc se battit avec bravoure, repoussant les assauts de l'ennemi avec détermination. Mais à chaque bataille remportée, il sentait son cœur se serrer un peu plus, craignant pour la sécurité de sa bien-aimée restée seule à la maison.

Pendant ce temps, Elise attendait avec anxiété le retour de Luc, priant chaque jour pour sa sécurité et sa victoire. Elle gardait le souvenir de leur promesse gravé dans son cœur, une lueur d'espoir dans les ténèbres de l'incertitude.

Enfin, après de longs mois d'attente et d'incertitude, la guerre prit fin. Les hommes du village rentrèrent chez eux, fatigués mais fiers d'avoir défendu leur patrie. Luc revint vers Elise, son cœur battant d'émotion à l'idée de la retrouver enfin.

Sous le vieux chêne où ils s'étaient rencontrés pour la première fois, Luc et Elise se tinrent dans les bras l'un de l'autre, leurs yeux brillants de larmes de joie. Car dans chaque hier, ils trouvaient la promesse d'un demain meilleur, où l'amour triomphait toujours.

The Promise of Yesterday

Once upon a time, in a small village nestled in the mountains, there was a young man named Luc. He lived with his parents in a modest stone house, surrounded by lush fields and mysterious forests. Since his early childhood, Luc had been fascinated by the tales of his grandfather, who would recount marvelous stories about their family's glorious past.

One summer evening, as the sky was ablaze with warm colors, Luc sat beside his grandfather under the old oak tree that stood in front of their house. The old man spoke to him about the promise made by their ancestors generations ago, a promise that had become legendary in the village.

"Our family has always been bound by a sacred oath," said the grandfather in a solemn voice. "A promise of loyalty and courage, passed down from generation to generation."

Luc listened attentively, his eyes shining with admiration for his grandfather and the heroes he spoke of. In the silence of his heart, he vowed to uphold his family's legacy and never forget the oath that bound them together.

Years passed, and Luc grew into a brave and determined young man. He worked hard in the fields with his father, but his mind was always filled with dreams and ambitions. He wanted to honor his ancestors' promise and leave his mark on the world.

One day, as he was heading to the village market, Luc met a young girl named Elise. She was as beautiful as the field flowers and as gentle as the summer breeze. They fell in love at first sight, sealing their destiny with a simple smile.

Yet, their happiness was soon overshadowed by the dark clouds of war that erupted on the country's borders. The men of the village were called to take up arms, leaving behind their families and lands. Luc volunteered, knowing he must defend what he believed in and honor his ancestors' oath.

Months passed, and the war raged on with relentless fury. Luc fought bravely, repelling the enemy's assaults with determination. But with each battle won, he felt his heart tighten a little more, fearing for the safety of his beloved left alone at home.

Meanwhile, Elise waited anxiously for Luc's return, praying every day for his safety and victory. She held the memory of their promise engraved in her heart, a glimmer of hope in the darkness of uncertainty.

Finally, after long months of waiting and uncertainty, the war came to an end. The men of the village returned home, tired but proud to have defended their homeland. Luc returned to Elise, his heart pounding with emotion at the thought of finally reuniting with her.

Under the old oak tree where they had first met, Luc and Elise held each other in their arms, their eyes shining with tears of joy. For in every yesterday, they found the promise of a better tomorrow, where love always triumphed.

Le Cascade

Il y avait quelque chose de magique dans cette cascade, quelque chose qui attirait les âmes perdues comme un aimant. Cachée au cœur de la forêt, elle était un secret bien gardé, connu seulement de ceux qui avaient le courage de s'y aventurer.

C'était là que Jeanne aimait se rendre lorsqu'elle avait besoin de calme et de réconfort. La cascade était son refuge, son sanctuaire où elle pouvait laisser ses pensées errer librement.

Un matin d'été, alors que les rayons du soleil perçaient à travers les feuilles des arbres, Jeanne se rendit à la cascade. Elle suivit le sentier sinueux, écoutant le chant des oiseaux et le murmure de l'eau qui coulait. Bientôt, elle arriva à l'orée de la forêt, où la cascade se dressait majestueusement devant elle.

L'eau tombait en cascade depuis les hauteurs, créant un rideau argenté qui scintillait au soleil. Des arcs-en-ciel dansaient dans les gouttes d'eau, illuminant la clairière d'une lueur féérique. Jeanne s'approcha lentement, laissant ses doigts effleurer les feuilles humides des arbres.

Elle s'assit au bord de l'eau, laissant ses pensées s'évaporer dans le brouillard de la cascade.

Elle ferma les yeux, laissant le bruit de la cascade envelopper son esprit. Elle se sentait légère, libérée du poids qui pesait sur ses épaules. Pour la première fois depuis longtemps, elle se sentait vivante, comme si la cascade avait le pouvoir de lui redonner vie.

Soudain, elle entendit un bruit derrière elle. Elle se retourna et vit un homme se tenir à quelques pas de là, observant la cascade avec fascination. Il avait les cheveux noirs comme l'ébène et les yeux d'un bleu profond, brillant d'une lueur mystérieuse.

Jeanne le regarda avec méfiance, se demandant qui il était et ce qu'il faisait là. Mais l'homme lui sourit, un sourire chaleureux qui fit fondre la glace autour de son cœur. Il s'approcha lentement, s'agenouillant près d'elle au bord de l'eau.

"La cascade est magnifique, n'est-ce pas ?" dit-il d'une voix douce.

Jeanne hocha la tête, incapable de détacher son regard de l'homme devant elle. Il semblait étrangement familier, comme si elle l'avait déjà rencontré dans une autre vie.

"Je m'appelle Gabriel", dit-il en tendant la main vers elle.

Jeanne prit sa main hésitamment, sentant une étrange connexion entre eux.

Ils restèrent là, silencieux, regardant la cascade s'écouler devant eux. Le temps sembla s'arrêter, suspendu entre les gouttes d'eau et les murmures de la forêt. Et dans ce moment de calme, Jeanne sentit son cœur se remplir d'espoir.

The Waterfall

There was something magical about this waterfall, something that drew lost souls like a magnet. Hidden deep within the forest, it was a well-kept secret, known only to those who had the courage to venture there.

It was there that Jeanne liked to go when she needed peace and comfort. The waterfall was her refuge, her sanctuary where she could let her thoughts wander freely.

One summer morning, as the sun's rays pierced through the leaves of the trees, Jeanne made her way to the waterfall. She followed the winding path, listening to the birdsong and the murmur of the flowing water. Soon, she arrived at the edge of the forest, where the waterfall stood majestically before her.

The water cascaded down from the heights, creating a silvery curtain that sparkled in the sunlight. Rainbows danced in the water droplets, illuminating the clearing with a fairy-like glow. Jeanne approached slowly, letting her fingers brush against the damp leaves of the trees.

She sat by the water's edge, letting her thoughts evaporate into the mist of the waterfall.

She closed her eyes, letting the sound of the waterfall envelop her mind. She felt light, freed from the weight that had burdened her shoulders. For the first time in a long time, she felt alive, as if the waterfall had the power to breathe life back into her.

Suddenly, she heard a noise behind her. She turned around and saw a man standing a few steps away, gazing at the waterfall with fascination. He had hair as black as ebony and eyes of a deep blue, shining with a mysterious light.

Jeanne looked at him warily, wondering who he was and what he was doing there. But the man smiled at her, a warm smile that melted the ice around her heart. He approached slowly, kneeling beside her at the water's edge.

"The waterfall is beautiful, isn't it?" he said in a soft voice.

Jeanne nodded, unable to tear her gaze away from the man before her. He seemed strangely familiar, as if she had already met him in another life.

"My name is Gabriel," he said, reaching out his hand to her.

Jeanne took his hand hesitantly, feeling a strange connection between them.

They sat there in silence, watching the waterfall flow before them. Time seemed to stand still, suspended between the water droplets and the whispers of the forest. And in that moment of calm, Jeanne felt her heart fill with hope.

Le Chaussette Oubliée

Dans une petite rue pavée d'une ville pittoresque, au cœur de la France, vivait une vieille dame nommée Élise. Elle habitait une charmante maison en pierre, bordée d'un jardin luxuriant où fleurissaient des roses aux couleurs éclatantes.

Élise était une femme douce et aimante, connue dans le quartier pour sa gentillesse et sa générosité. Malgré son grand âge, elle était toujours pleine de vie, se plaisant à nourrir les oiseaux qui visitaient son jardin et à prendre soin de ses plantes avec amour.

Un jour, alors qu'elle faisait sa lessive, Élise remarqua quelque chose d'inhabituel. Une chaussette avait mystérieusement disparu de la corbeille à linge, laissant son jumeau seul et abandonné. Étonnée, Élise chercha partout dans la maison, mais la chaussette semblait s'être volatilisée sans laisser de trace.

Pendant des jours, Élise chercha désespérément la chaussette perdue, fouillant les moindres recoins de sa maison avec détermination. Mais malgré tous ses efforts, elle ne parvint pas à la retrouver, et la chaussette demeura introuvable.

Pourtant, alors qu'elle abandonnait tout espoir, un événement inattendu se produisit. Un matin, en ouvrant la porte de son jardin, Élise découvrit une surprise étonnante. La chaussette perdue était accrochée à une branche de son rosier, comme si elle avait été là tout le temps, attendant patiemment d'être retrouvée.

Élise fut stupéfaite. Comment une chaussette avait-elle pu se retrouver suspendue à un arbre, loin de sa corbeille à linge ? C'était un mystère que même elle ne pouvait résoudre.

Pourtant, au lieu de se laisser décourager, Élise sourit devant cette étrange coïncidence. Elle se rendit compte que parfois, il n'y avait pas de réponse logique à nos questions, que certaines choses restaient inexplicables et merveilleuses.

Elle ramassa la chaussette avec tendresse, sentant un élan de gratitude envers ce petit vêtement qui avait égayé sa journée. Elle rentra chez elle, la chaussette dans une main et un sourire sur les lèvres, prête à continuer sa vie avec la certitude que même les objets les plus modestes pouvaient avoir un impact extraordinaire sur nos vies.

Et ainsi, dans cette petite rue pavée d'une ville pittoresque, une vieille dame nommée Élise apprit une leçon précieuse : que parfois, ce sont les petites choses oubliées qui peuvent nous apporter le plus de bonheur.

The Forgotten Sock

In a quaint cobblestone street, nestled in the heart of France, lived an elderly lady named Élise. She resided in a charming stone house, bordered by a lush garden where roses blossomed in vibrant colors.

Élise was a kind and loving woman, known in the neighborhood for her kindness and generosity. Despite her advanced age, she was always full of life, delighting in feeding the birds that visited her garden and caring for her plants with love.

One day, as she was doing her laundry, Élise noticed something unusual. A sock had mysteriously disappeared from the laundry basket, leaving its twin alone and abandoned. Surprised, Élise searched everywhere in the house, but the sock seemed to have vanished without a trace.

For days, Élise desperately searched for the lost sock, scouring every corner of her house with determination. But despite all her efforts, she couldn't find it, and the sock remained elusive.

However, just as she was losing hope, an unexpected event occurred. One morning, as she opened the door to her garden, Élise discovered a surprising sight. The lost sock was hanging from a branch of her rosebush, as if it had been there all along, patiently waiting to be found.

Élise was astonished. How could a sock end up hanging from a tree branch, far from its laundry basket? It was a mystery that even she couldn't solve.

Yet instead of being discouraged, Élise smiled at this strange coincidence. She realized that sometimes, there was no logical answer to our questions, that some things remained unexplainable and wonderful.

She picked up the sock tenderly, feeling a surge of gratitude towards this little garment that had brightened her day. She went back home, the sock in one hand and a smile on her lips, ready to continue her life with the certainty that even the most modest objects could have an extraordinary impact on our lives.

And so, in this quaint cobblestone street of a picturesque town, an elderly lady named Élise learned a valuable lesson: that sometimes, it's the forgotten little things that can bring us the most happiness.

Le Mystère de la Porte Enchantée

Il était une fois, dans un petit village niché au creux des collines, une jeune fille nommée Amélie. Elle vivait dans une vieille maison en pierre avec sa grand-mère, Madame Léonie, une femme sage et aimante.

Un jour, alors qu'Amélie explorait le grenier de la maison, elle découvrit une porte cachée derrière un amas de vieux meubles et de toiles d'araignée. Intriguée, elle tenta d'ouvrir la porte, mais elle était fermée à clé et la clé était introuvable.

Déterminée à percer le mystère de cette porte enchantée, Amélie demanda à sa grand-mère si elle en connaissait l'histoire. Madame Léonie lui expliqua que la porte avait été scellée depuis des générations et que personne n'avait jamais su ce qui se cachait derrière.

Mais Amélie était trop curieuse pour se contenter de cette réponse. Chaque nuit, elle rêvait de la porte mystérieuse, se demandant ce qui pouvait bien se trouver derrière elle. Et chaque jour, elle cherchait désespérément la clé qui lui permettrait d'ouvrir la porte et de percer le secret de sa famille.

Un soir, alors qu'elle fouillait le grenier à la recherche de la clé, Amélie découvrit un vieux livre poussiéreux caché sous un tas de vieux vêtements. Intriguée, elle l'ouvrit et découvrit qu'il s'agissait d'un journal appartenant à sa grand-mère.

Elle feuilleta les pages jaunies avec précaution, lisant les mots écrits à la main avec fascination. Et alors qu'elle tournait la dernière page, elle découvrit une révélation surprenante : la clé de la porte enchantée était cachée dans le jardin, sous le vieux saule pleureur.

Sans perdre un instant, Amélie se précipita dans le jardin, son cœur battant d'excitation. Elle se mit à creuser frénétiquement sous le vieux saule pleureur, sentant l'adrénaline monter en elle à mesure qu'elle se rapprochait de son objectif.

Et soudain, ses doigts entrèrent en contact avec un objet dur et froid. Elle l'attrapa avec précaution et découvrit avec joie qu'il s'agissait de la clé tant recherchée. Son cœur bondit de joie alors qu'elle se précipitait vers la porte enchantée, la clé serrée dans sa main.

Elle inséra la clé dans la serrure et tourna doucement. Un léger grincement se fit entendre alors que la porte s'ouvrait lentement, révélant un passage sombre et mystérieux.

Amélie hésita un instant, la peur s'emparant d'elle. Mais elle chassa ses doutes et ses craintes et franchit le seuil de la porte, son cœur battant la chamade alors qu'elle s'enfonçait dans l'obscurité.

Au fur et à mesure qu'elle avançait, la lumière commença à percer les ténèbres, révélant un paysage merveilleux et enchanté. Des fleurs multicolores s'épanouissaient sous un ciel étoilé, et le chant des oiseaux remplissait l'air d'une mélodie douce et apaisante.

Amélie se retrouva bientôt devant un vieux château en ruines, ses tours majestueuses se dressant fièrement contre le ciel nocturne. Elle avança lentement, chaque pas la rapprochant de la vérité sur sa famille et sur le mystère de la porte enchantée.

Et alors qu'elle pénétrait dans le château, elle sentit une présence familière à ses côtés. Elle se retourna et vit sa grand-mère, Madame Léonie, qui lui souriait tendrement.

"Tu as trouvé le courage de percer le mystère, ma chère Amélie", dit Madame Léonie d'une voix douce. "Maintenant, tu es prête à découvrir la vérité sur qui tu es et d'où tu viens."

Amélie sourit, sentant une vague de gratitude envers sa grand-mère pour l'avoir guidée dans cette aventure extraordinaire. Ensemble, elles franchirent les portes du château, prêtes à affronter les défis et les révélations qui les attendaient de l'autre côté.

The Mystery of the Enchanted Door

Once upon a time, in a small village nestled in the hills, there lived a young girl named Amélie. She lived in an old stone house with her grandmother, Madame Léonie, a wise and loving woman.

One day, as Amélie was exploring the attic of the house, she discovered a door hidden behind a pile of old furniture and cobwebs. Intrigued, she tried to open the door, but it was locked, and the key was nowhere to be found.

Determined to solve the mystery of this enchanted door, Amélie asked her grandmother if she knew its story. Madame Léonie explained that the door had been sealed for generations and that no one had ever known what lay behind it.

But Amélie was too curious to settle for that answer. Every night, she dreamt of the mysterious door, wondering what could be behind it. And every day, she searched desperately for the key that would unlock the door and reveal her family's secret.

One evening, as she searched the attic for the key, Amélie discovered an old dusty book hidden under a pile of old clothes. Intrigued, she opened it and found that it was her grandmother's journal.

She flipped through the yellowed pages carefully, reading the handwritten words with fascination. And as she turned the last page, she made a surprising discovery: the key to the enchanted door was hidden in the garden, under the old weeping willow.

Without wasting a moment, Amélie rushed into the garden, her heart pounding with excitement. She began to dig frantically under the old weeping willow, feeling the adrenaline rising in her as she neared her goal.

And suddenly, her fingers touched something hard and cold. She grasped it carefully and joyfully discovered that it was the long-sought key. Her heart leaped for joy as she hurried to the enchanted door, the key clutched in her hand.

She inserted the key into the lock and turned it gently. A slight creaking sound was heard as the door opened slowly, revealing a dark and mysterious passage.

Amélie hesitated for a moment, fear taking hold of her. But she pushed aside her doubts and fears and crossed the threshold of the door, her heart pounding as she ventured into the darkness.

As she advanced, light began to penetrate the darkness, revealing a wonderful and enchanted landscape. Multicolored flowers bloomed under a starry sky, and the song of birds filled the air with a sweet and soothing melody.

Amélie soon found herself in front of an old, ruined castle, its majestic towers standing proudly against the night sky. She advanced slowly, each step bringing her closer to the truth about her family and the mystery of the enchanted door.

And as she entered the castle, she felt a familiar presence by her side. She turned around and saw her grandmother, Madame Léonie, smiling tenderly at her.

"You have found the courage to solve the mystery, my dear Amélie," said Madame Léonie in a gentle voice. "Now, you are ready to discover the truth about who you are and where you come from."

Amélie smiled, feeling a wave of gratitude towards her grandmother for guiding her on this extraordinary adventure. Together, they crossed the castle gates, ready to face the challenges and revelations that awaited them on the other side.

La Fille des Tempêtes

Dans un petit village côtier de la Bretagne, battu par les vents et caressé par les vagues, vivait une jeune femme solitaire nommée Élodie. Elle habitait une modeste maison en pierre au bord de la falaise, où elle passait ses journées à contempler l'océan tumultueux qui s'étendait à perte de vue.

Élodie était une âme tourmentée, hantée par les fantômes de son passé et les tempêtes de son esprit. Elle vivait dans l'ombre d'un secret qui pesait lourdement sur ses épaules, un secret qu'elle gardait enfoui au plus profond de son cœur depuis des années.

Chaque nuit, Élodie faisait le même rêve troublant. Elle se retrouvait sur une plage battue par les vagues, cherchant désespérément quelque chose qu'elle ne parvenait jamais à trouver. Et chaque matin, elle se réveillait avec le sentiment d'avoir perdu quelque chose d'essentiel, quelque chose qui lui échappait toujours.

Un jour d'automne, alors que les nuages noirs s'amoncelaient dans le ciel et que les vagues rugissaient avec une fureur nouvelle, Élodie décida qu'il était temps de faire face à son passé. Elle prit une vieille valise poussiéreuse dans le grenier de sa maison et entreprit un voyage vers l'île voisine où elle avait passé son enfance.

L'île était enveloppée d'une brume épaisse, rendant difficile la distinction entre le ciel et la mer. Élodie se fraya un chemin à travers les sentiers escarpés, son cœur battant la chamade à chaque pas.

Finalement, elle arriva devant une vieille maison en ruines, cachée au cœur de la forêt. C'était là qu'elle avait vécu autrefois, avec sa mère et son frère, avant que le destin ne les sépare à jamais.

Élodie pénétra dans la maison abandonnée, ses souvenirs affluant à sa mémoire avec une force dévastatrice. Elle se souvint des rires joyeux de son enfance, des histoires racontées autour du feu de cheminée, et du parfum enivrant des fleurs sauvages qui poussaient dans le jardin.

Mais ses souvenirs étaient teintés de tristesse et de douleur, car elle se souvenait aussi des disputes incessantes entre sa mère et son père, des cris qui résonnaient dans les murs de la maison, et de la peur qui la tenaillait chaque nuit alors qu'elle se blottissait sous ses couvertures.

Alors qu'elle explorait les ruines de sa maison d'enfance, Élodie découvrit une vieille boîte en bois cachée sous un plancher craquelé. Tremblante, elle l'ouvrit et découvrit son contenu : des lettres jaunies par le temps, des photographies fanées et un journal intime poussiéreux.

Elle feuilleta les pages du journal avec précaution, lisant les mots écrits à la main avec émotion. Et alors qu'elle tournait la dernière page, elle découvrit la vérité sur son passé, sur les secrets enfouis depuis si longtemps.

Élodie apprit que sa mère avait été une femme courageuse et passionnée, mais qu'elle avait été brisée par les épreuves de la vie. Elle apprit que son père avait été un marin intrépide, mais qu'il avait été emporté par les tempêtes de l'océan. Et elle apprit que son frère avait été un rêveur solitaire, mais qu'il avait trouvé la paix dans les profondeurs de la mer.

Avec ces révélations, Élodie sentit un poids immense se lever de ses épaules. Elle avait enfin trouvé ce qu'elle cherchait depuis si longtemps, la clé qui lui permettrait de guérir les blessures de son passé et de trouver la paix dans son cœur tourmenté.

Elle referma la vieille boîte avec précaution, sentant une lueur d'espoir briller à l'horizon. Elle quitta la maison en ruines, ses pas résonnant dans la forêt silencieuse, prête à affronter l'avenir avec courage et détermination.

The Storm Daughter

In a small coastal village of Brittany, buffeted by winds and caressed by waves, lived a solitary young woman named Élodie. She lived in a modest stone house perched on the cliff edge, where she spent her days gazing out at the tumultuous ocean stretching endlessly before her.

Élodie was a troubled soul, haunted by the ghosts of her past and the storms of her mind. She lived in the shadow of a secret that weighed heavily on her shoulders, a secret she had buried deep within her heart for years.

Every night, Élodie had the same unsettling dream. She found herself on a beach battered by waves, desperately searching for something she could never seem to find. And every morning, she woke with the feeling of having lost something essential, something that always eluded her.

One autumn day, as dark clouds gathered in the sky and the waves roared with renewed fury, Élodie decided it was time to confront her past. She retrieved an old dusty suitcase from the attic of her house and embarked on a journey to the neighboring island where she had spent her childhood.

The island was shrouded in thick fog, making it difficult to distinguish between sky and sea. Élodie made her way through the rugged paths, her heart pounding with each step.

Eventually, she arrived at an old dilapidated house hidden deep in the forest. It was there that she had once lived, with her mother and brother, before fate tore them apart forever.

Élodie entered the abandoned house, memories flooding back to her with devastating force. She remembered the joyful laughter of her childhood, the stories told around the fireplace, and the intoxicating scent of the wildflowers that grew in the garden.

But her memories were tinged with sadness and pain, for she also remembered the incessant arguments between her mother and father, the shouts that echoed through the walls of the house, and the fear that gnawed at her every night as she huddled under her blankets.

As she explored the ruins of her childhood home, Élodie discovered an old wooden box hidden beneath a cracked floorboard. Trembling, she opened it and found its contents: letters yellowed with age, photographs faded with time, and a dusty journal.

She leafed through the pages of the journal carefully, reading the handwritten words with emotion. And as she turned the last page, she uncovered the truth about her past, about the secrets buried for so long.

Élodie learned that her mother had been a courageous and passionate woman, but she had been broken by the trials of life. She learned that her father had been a fearless sailor, but he had been claimed by the storms of the ocean. And she learned that her brother had been a solitary dreamer, but he had found peace in the depths of the sea.

With these revelations, Élodie felt an immense weight lift from her shoulders. She had finally found what she had been searching for all along, the key that would allow her to heal the wounds of her past and find peace in her troubled heart.

She closed the old box carefully, feeling a glimmer of hope shining on the horizon. She left the ruined house, her footsteps echoing in the silent forest, ready to face the future with courage and determination.